PÉTITION

A MM. LES DÉPUTÉS

POUR QU'ILS SAUVENT

L'IMPRIMERIE;

PAR

Amédée Gratiot.

Paris,

A. POUGIN, LIBRAIRE,
49, QUAI DES AUGUSTINS.

—

JANVIER 1839.

PÉTITION

MESSIEURS,

Je vous écris au milieu de la plus profonde affliction et à la hâte, non pas en mon nom, mais au nom de la typographie française tout entière. La banqueroute est à nos portes! La faillite nous dévore! Des malheurs nouveaux viennent s'amonceler de jour en jour sur les malheurs de la veille. Laissez-moi donc arriver jusqu'au pied de votre tribune, et vous crier : Messieurs, voici une justice éclatante à faire. Je vous présente requête pour l'Imprimerie qui se meurt et qu'il faut que vous sauviez!

La chose est urgente, car le mal empire. Il y a trois mois déjà, je me suis adressé à vous, avec toute l'énergie d'un homme qui voit le mal se faire, et qui se tourne, dans sa détresse, vers ceux qui peuvent empêcher ce mal. Mais vous étiez éloignés, dispersés. Peu d'entre vous ont lu mes pages. D'ailleurs, j'avais eu le tort d'encadrer une plaidoirie grave et sérieuse, dans un titre et dans un préambule qui ne l'étaient guères.

Depuis trois mois, la blessure s'est élargie de jour en jour. L'Imprimerie, qui ne comptait encore que deux ou trois faillites, en compte six ou sept. Dans un an (plaise à Dieu que ce ne soit pas dans quelques jours!) elle en comptera dix. Vous voyez qu'il faut mettre le doigt sur cette plaie. C'est une grande tâche, Messieurs, et digne de vous, mais une tâche qu'il faut accomplir sans retard. La question est grave : ne vous en effrayez pas. Tout ce que nous vous demandons, c'est de nous écouter jusqu'au bout. Nous qui avons en main le monopole et le privilége, nous ne voulons pas nous faire les avocats du privilége et du monopole. Nous venons vous raconter le mal, à vous qui le pouvez guérir, et quand nous aurons tout dit, si nous concluons, ce sera pour la liberté.

L'effet de ce mal, c'est la faillite, qui, depuis quelque temps, déshonore tous les matins un nom nouveau dans la typographie parisienne. La cause de ce mal, la voici :

La loi veut qu'il n'y ait à Paris que quatre-vingts Imprimeurs. Il y en a deux cents.

Sur ces deux cents Imprimeurs, il n'y en a que quatre-vingts qui soient véritablement *privilégiés*. Ces quatre-vingts Imprimeurs paient leurs contributions, comme tout le monde ; puis, par dessus le marché, une patente ; puis, par dessus le marché, un brevet ; ce brevet leur coûte vingt-cinq mille francs. C'est bien cher, n'est-ce pas? Il est vrai qu'à la faveur de cette patente et de ce brevet, ces Imprimeurs sont obligés de réaliser, à Paris, cette maison que Socrate, à Athènes, voulait construire de verre, pour qu'on y pût mieux voir du dehors. A toute heure du jour, la police peut entrer chez un Imprimeur, visiter ses livres, prendre note de ses presses, lire ce qu'il imprime, lui demander le compte des feuilles de papier qu'il a couvertes d'encre hier ou qu'il couvrira d'encre demain.

Mais comment se fait-il donc alors, puisque la police a droit de savoir le compte des presses que vend chaque mécanicien ou qu'emploie chaque Imprimeur, comment se fait-il qu'il se trouve à Paris, dans une chambre isolée, une presse, des ustensiles, des caractères, qui servent, le jour et la nuit, à fabriquer des pamphlets, des appels à la révolte, ou des excitations à la débauche? Car tout cela s'imprime à Paris, Messieurs les Députés. Car il y a des presses clandestines pour toute parole déshonnête, à Paris, et pour toute proclamation de guerre civile. Car, lorsque ce n'est pas au citoyen que l'on insulte, avec ces presses clandestines, c'est aux lois, et lorsque ce n'est pas aux lois, c'est aux mœurs.

Maintenant, qui peut imprimer cela? Vos quatre-vingts Imprimeurs patentés, sans doute? Eux qui ont le précieux privilége d'être obligés de se soumettre strictement à toutes les exigences et à toutes les tracasseries de la loi, et de tenir leur porte grande ouverte, pour que messieurs de la police viennent s'immiscer, quand bon leur semble, dans les affaires de ces quatre-vingts Imprimeurs!

4

Vous allez en juger.

Quand ces quatre-vingts *bienheureux* privilégiés ont rempli, avec la plus scrupuleuse exactitude, les mille et une formalités, fort gênantes, ma foi! que la loi leur impose, les autres cent vingt Imprimeurs, vous savez, les *parias*, ceux qui ne sont rien, ceux qui ont le *malheur* de ne payer ni patente ni brevet, ceux-là peuvent dormir tranquilles. Ils prennent à loyer, comme on ferait d'une chambre en hôtel garni, la moitié, le quart, le demi-quart, le cinquième, le dixième d'un brevet. Cela s'appelle être *Imprimeur marron*, ou encore, *Imprimeur succursaliste*. Le gouvernement accorde *un* brevet, il y a *dix* individus pour l'exploiter! Quant à la responsabilité, non-seulement elle n'est pas sur un seul, mais elle n'est plus sur aucun. Les quatre-vingts privilégiés sont obligés de signer leurs livres : les cent vingt parias n'en font rien. Or, ne les signant pas, peu leur importe quels soient ces livres. Le *loueur* de brevet, avec son brevet, loue son nom. Ce nom s'imprime chaque jour au bas de dix ouvrages différents , que le *loueur* ne lira jamais, dont il n'aura jamais connaissance, qui s'impriment chez lui ou hors de chez lui, au rez-de-chaussée ou à l'entresol, à la cave ou au cinquième étage.

Et vous vous étonnez, Messieurs, de rencontrer chaque jour, aux étalages des rues, ces livres honteux et infâmes qui suffiraient à faire maudire l'invention de l'Imprimerie? Et vous vous étonnez de saisir à la poste ces pamphlets démagogiques qui vont souffler inces-

5

samment la guerre civile et l'insurrection jusqu'au fond le plus reculé de vos provinces?

Mais ce dont je m'étonne, moi, Messieurs, c'est qu'il n'y ait pas encore plus de ces livres corrupteurs, c'est qu'il n'y ait pas encore plus de ces libelles sanguinaires ! — C'est que vos mœurs ne soient pas viciées, plus qu'elles ne sont, par ces écrits scandaleux qui montent de votre portière à votre laquais, et qui, des mains de votre laquais, tomberont tôt ou tard aux mains de vos enfants ! — Ce qui m'étonne, c'est que votre puissance, c'est que votre dignité, c'est que votre machine gouvernementale, ne soient pas déjà brisées, sapées, anéanties, par ces pamphlets mystérieux qui sortent on ne sait d'où, qui ne portent ni nom d'auteur, ni nom d'Imprimeur, et qui, pour tout indice, sont audacieusement signés : Imprimerie de la République.

Cependant, Messieurs, il me semble qu'il serait bien temps de savoir enfin ce que nous voulons aujourd'hui en France. Est-ce le maintien des priviléges? Est-ce l'abolition des priviléges? Si c'est le maintien, dites-le, et faites qu'on obéisse à la loi, car vous avez la loi pour vous, et avec la loi on est fort. Vous répondez que cette mesure est difficile à exécuter. Moi, je vous dis que cela est facile, parce que cela est juste. Lisez le décret du 5 février 1810, et ceux qui le suivirent, et la loi du 21 octobre 1814. Cette loi, ces décrets, en limitant l'exercice de la profession d'Imprimeur, ont consacré, en principe, par une conséquence naturelle, que cette profession ne pouvait se

passer d'une législation spéciale, qui, ne se trouvant
pas entière dans les lois nouvelles, se complète né-
cessairement au moyen des anciens règlements. Or,
l'article 11 du règlement de 1723 porte : « Les Im-
« primeurs, ou leurs veuves, ne prêteront leur nom à
« qui que ce soit pour tenir imprimerie, à peine de
« confiscation des imprimeries et de cinq cents livres
« d'amende, et de pareille somme contre ceux qui
« se seront servis du nom des Imprimeurs. » L'article 52 exigeait « que les noms des Imprimeurs fussent
« gravés sur leurs presses et casses, pour qu'elles ne
» pussent être *prêtées*. » Un arrêt du conseil, du 50 août
1685, enjoignait aux syndics de visiter les imprimeries, et de faire fermer *toutes celles qui seraient tenues
par autres que par les Imprimeurs qui auraient droit
d'exercer.* Tout cela est-il assez formel? Pas encore,
n'est-ce pas? 1814, 1810, 1723, 1685, ces années
sont si loin de nous! Est-ce que cela nous regarde ces
jurisprudences *gothiques*? Mais 1858, Messieurs! Le
12 novembre 1858, il y a deux mois, en police correc-
tionnelle, à Paris, dans l'affaire Paccini et Martinet,
le sieur Martinet vient d'être condamné à 10,000 francs
d'amende et six mois de prison, pour *imprimerie clan-
destine.* Martinet avait tout simplement imprimé des
romances ou des prospectus de musique. Pourquoi
donc condamner celui-là, si on en laisse cent-vingt
autres, qui n'ont ni plus ni moins de droit que
lui, ouvrir boutique à la face de tous et mettre affi-
che sur leur porte? Martinet a eu du malheur. D'or-

dinaire, quand de pareils exemples se donnent, c'est que la politique a quelque chose à voir dans le délit. Pour que la politique soit sauve, aucune sévérité ne coûte. Le reste du temps, quand il ne s'agit que de rendre justice à de pauvres citoyens paisibles, ou d'empêcher la ruine de quelque malheureux père de famille, qui n'a, pour nourrir lui et ses enfants, que son état qu'on lui vole en plein jour ; la police, qui est bonne personne, et qui a peur de faire crier contre elle en réprimant le mal, s'en va flâner ailleurs, et fait la sourde oreille, pour ne pas entendre les réclamations d'une soixantaine d'honnêtes gens qu'on pille et qu'on dépouille à sa barbe. D'autres fois, quand elle est forcée d'entendre, voici ce que la police répond : Ce sont des Imprimeurs qui louent leurs brevets : ainsi, cela ne regarde que les Imprimeurs ; et tant pis pour eux ! — Ah ! çà mais, quand nous passons dans la rue, et qu'on nous vole (ce qui n'arrive que trop souvent !), est-ce que c'est nous qui sommes chargés d'arrêter le voleur, de l'interroger, de le juger, de le condamner, de lui faire rendre gorge ? Étrange jurisprudence que la vôtre, Messieurs de la police !

Ces Imprimeurs de contrebande ne paient ni patente ni brevet. Leur matériel, c'est une presse qu'ils font travailler eux-mêmes ; ce sont des caractères qu'ils composent eux-mêmes. Dans quel état se trouvent ces caractères et cette presse, je vous le laisse à penser, car il faut viser à l'économie. Aussi, voyez un peu les beaux livres qu'ils nous donnent ! Et comme cela est correct, surtout ! Je crois bien, des hommes qui ne savent pas l'orthographe, et qui corrigent eux-mêmes les livres qu'on leur confie !

Le résultat de tout ceci, c'est que n'ayant à payer ni patente, ni brevet, ni matériel, ni correcteurs, ni prote, ces succursalistes finissent par trouver le moyen de fabriquer des livres à 20 pour cent de réduction sur les prix de l'Imprimeur véritable, qui a, chaque jour, des dépenses énormes de matériel et des frais de maison considérables. Et si l'Imprimeur véritable ne veut pas mourir de faim, et s'il cherche à lutter contre cette concurrence qui est injuste, déraisonnable, préjudiciable à tous, le succursaliste baissera ses prix de 50 pour cent, de 40 pour cent. Et si, lui-même, il a besoin de vivre, car, à force de réductions, il s'annihilera lui-même, alors le succursaliste, qui est hors la loi et hors la surveillance, imprimera clandestinement des livres obscènes, et, pour quelques écus, mettra son unique presse au service des régicides.

Maintenant, si quelqu'un se levait et osait me venir dire en face que le peuple a gagné à cela, que les ouvriers ont trouvé, dans cette extension factice de l'Imprimerie, une augmentation de salaire, une augmentation de bien-être et d'aisance ; moi, je répondrais que cela n'est pas vrai ! Laissez-faire, Messieurs les philantropes ! Nous avons, nous aussi, des cœurs pour nous apitoyer sur les misères de l'humanité, et nous sommes assez du peuple, Dieu merci ! pour savoir que tous les hommes sont nos frères et que l'exploitation de l'homme par l'homme est infâme. Mais si l'ouvrier souffre, si l'ouvrier est pauvre, si l'ouvrier ne récolte pas une récompense assez large de son industrie; c'est que l'on a permis, à des Imprimeurs de contre-bande, de mettre tout au rabais. C'est que, lorsqu'on a eu essayé de toutes les économies possibles, on en est venu à économiser sur le salaire des ouvriers. Et, comme les ouvriers étaient encore trop chers, on a eu recours à des enfants. Oui ! oui ! des enfants, ceux que vous vouliez instruire, ceux que vous vouliez en-voyer à vos écoles primaires, ceux dont vous vouliez sauver l'âme et le corps, en donnant au corps l'exer-cice et l'air, à l'âme l'éducation et l'étude ; ces en-fants-là, on vous les a pris, sachant à peine lire, délicats, chétifs, non formés encore, et, à leurs orga-nisations débiles, on a demandé le travail d'un homme, en ayant bien soin néanmoins de ne leur payer que le travail d'un enfant, c'est-à-dire rien, presque rien. Est-ce de la cruauté, cela? Est-ce qu'il n'y a point quelque part des lois qui protègent la vie des enfants? Et, dans nos ateliers, Messieurs, la vie des enfants est en danger. Nous vivons dans des atmosphères qui nous rendent maladifs et pâles, nous autres hommes; est-ce que vous croyez que ces atmosphères-là ne tueront pas bien vite des enfants? Et si leur santé résiste, est-ce que ces enfants-là deviendront jamais de bons ouvriers ? Non, Messieurs. On les a pris tout jeunes, tout ignorants, et, sans apprentissage préala-ble, on en a fait de suite des manœuvres, des machines. Hommes ou enfants, ce ne seront jamais que des machines et des manœuvres. On a perdu leur jeunesse et leur virilité d'un seul coup. C'est un grand malheur pour eux. Mais c'est un grand malheur aussi pour ce qu'il reste encore, dans nos Imprimeries, de bons et habiles ouvriers. Car, se voyant entourés, remplacés souvent, par tant de médiocrités ignorantes, ils n'auront plus foi dans cette noble profession qui les a fait vivre jusqu'alors, et dont ils ont souvent été la gloire, eux les ouvriers, car il faut rendre à chacun selon ses œuvres. Puis, comme cette concurrence insensée nous ruine, nous autres, les Imprimeurs véritables, après avoir vu nos bénéfices se réduire et se diminuer chaque jour d'une effrayante manière, nous sommes obligés aussi de porter la main sur le salaire de nos ouvriers. Le prix du travail baisse, et cependant, Messieurs les Députés, le prix du pain ne baisse pas !

Et à présent, m'avez-vous bien compris? Avez-vous bien vu que ce n'était pas un privilége que je défendais, mais un droit? Vous êtes-vous bien persuadé que cette concurrence n'était pas une concurrence, mais un vol? Si tout cela, Messieurs, n'est pas encore assez patent pour vous, nommez une commission, choisissez un rapporteur. Voici nos noms et nos adresses, à nous les quatre-vingts. Sur quatre-vingts brevets, sept ou huit au moins sont à vendre, dix ou douze sont donnés à loyer par tiers, par quart, par huitième, par dixième ; douze ou quinze ne sont alimentés que par les journaux, et les journaux, c'est la Presse, mais ce n'est pas l'Imprimerie. Restent environ cinquante titulaires. Sur ces cinquante titulaires, il y en a dix qui meurent de faim, dix qui végètent. vingt-cinq qui vivent, et cinq ou six enfin qui ont, sur tous les autres, l'immense avantage, non pas de faire fortune, mais d'avoir l'air de faire fortune. Ceux-là ont englouti dans leur imprimerie des capitaux énormes, leur propre patrimoine, le patrimoine de leur femme, le patrimoine de leurs enfants ; ils ont réuni, à grands frais, à force de veilles, de labeurs, d'économies, un matériel considérable, qui pût les mettre à même de lutter contre les contrefaçons de Belgique, et contre celles de France (car la France se vole elle-même !). Eh bien ! ce matériel considérable, qui reste inoccupé pendant le quart, le tiers, les deux tiers d'une année, devient, pour son propriétaire, la première et la plus imminente cause de ruine.

Puis, si vous écoutez les solliciteurs, ces pauvres honteux, la pire espèce de mendiants (car on ne leur fait l'aumône qu'en prenant dans la poche des autres), voici ce que vous entendez : Le besoin de l'instruction se fait de plus en plus sentir en France. Tout le monde veut savoir. Pour savoir, il faut apprendre. Pour apprendre, il faut des livres. Pour imprimer des livres, il faut des Imprimeurs. Il n'y a pas assez d'Imprimeurs. Donc, il est nécessaire et juste qu'on me fasse cadeau d'un brevet d'Imprimeur.

Voilà de la philantropie, ou je ne m'y connais pas!

Alors, on leur répond : La loi veut qu'il n'y ait que quatre-vingts Imprimeurs à Paris.

— A Paris, cela est vrai. Mais aux portes de Paris, dans la banlieue, à Montrouge, aux Batignolles, à Montmartre, à Belleville, à Bercy, à Vaugirard, et dans vingt autres endroits encore, dont la loi ne dit mot! Songez que le bien de l'instruction publique.....

— Mais, leur dit-on encore, les Imprimeurs de Paris meurent de faim. Ils fabriquent, à eux seuls, autant de livres qu'il en faut pour Paris, pour la banlieue, pour la France entière ; et cependant, c'est à peine si leurs presses ont assez d'occupation pour rouler pendant sept ou huit mois de l'année.

— Cela est vrai! Mais mon village a deux mille âmes! Mais mon village a quatre mille âmes! Mais mon village en a six mille!

Six mille âmes! Quel argument! On signe bien vite. Le solliciteur, qui a fait signer le brevet, reçoit une prime de dix mille francs ; le titulaire, au bout de trois mois, vend, moyennant vingt-cinq mille francs, un brevet qui ne lui en a coûté que dix mille (vous savez, le potde-vin de dix mille francs!) ; et le spéculateur, qui a acheté de troisième ou de quatrième main, non pas pour exploiter, mais pour brocanter, met son Imprimerie en actions, au capital de trois cent mille francs, et, un an après, assemble ses actionnaires, pour leur offrir 10 ou 15 pour cent de dividende... Dans ses bénéfices? non pas : dans sa faillite.

Messieurs, cette histoire est vraie. Il n'y manque qu'une seule chose, les noms propres : car les chiffres même y sont. Et cela ne s'est pas fait pour un seul, mais pour cinq, pour six, pour sept. Au train dont vont les choses, dans quelques mois, cela se sera fait pour quinze. — N'importe ! nous ne serons toujours que quatre-vingts Imprimeurs à Paris. Au-delà du mur d'enceinte, ce n'est plus Paris. Qu'est-ce que nous avons à répondre à cela? Rien, à ce qu'il me semble. — Cependant, voyons un peu.

Dans votre village, qui n'est que notre faubourg, qui n'est qu'un quartier de notre ville, qui souvent n'est que notre ville elle-même, qui est-ce qui a besoin d'un Imprimeur? Vos habitants? Mais vos habitants viennent chercher à Paris leurs vêtements, leur nourriture, leurs plaisirs. Est-ce qu'ils n'y peuvent pas aussi venir chercher leurs livres? Le lait de leurs vaches, c'est pour nous. S'ils ont des légumes, c'est pour nos marchés. Qu'ils fabriquent des livres : leurs livres seront pour nos libraires. Mais ces livres ne seront pas pour eux, pas plus que leur lait, pas plus que leurs légumes. Dame, cela est clair ! Et si l'on vous permet de fabriquer gratis, là, à deux pas de chez nous, des livres que vous nous enlevez, à nous qui avons acheté bien cher le droit que l'on vous donne pour rien, cela est plus qu'une injustice, plus qu'un vol, c'est une piraterie.

D'ailleurs, est-ce qu'ils ont des académies, vos villages? Et des colléges? Et des bibliothèques? Et des écoles? Et des musées? Vos villages ne sont habités, sans doute, que par des savants illustres, que par de laborieux professeurs, qui, pour faire imprimer leurs œuvres, ne doivent pas perdre leur temps à descendre jusque dans notre misérable ville? Notre ville est si éloignée du centre des lumières! — Et les théâtres? Vous en avez aussi quinze ou vingt par village, n'est-ce pas? De plus, vous avez une mairie. Votre mairie fait trois affiches par an : une pour le balayage, en hiver; une pour la fête communale, au printemps; une pour l'ouverture des chasses, en été. Trois affiches! Diable! Ce n'est pas un Imprimeur qu'il faut pour cela, ce sont trois Imprimeurs!

Et de plus, voulez-vous que je vous le dise? —Vous croyez que ces Imprimeurs de la banlieue habitent la banlieue. Point. Leurs ateliers y sont, cela est vrai, et pour une bonne raison : c'est que les loyers s'y paient moins cher; c'est qu'on y paie moins cher les ouvriers, qui s'y peuvent nourrir et loger à meilleur marché; mais voilà tout. Leur véritable adresse, c'est sur les livres qu'ils impriment qu'il faut la lire :

IMPRIMERIE DE........ A PARIS, RUE........ N°. La rue, le numéro, Paris, et le nom propre, cela est en toutes lettres sur leurs livres. On ne peut pas faire les choses avec plus de *franchise*, j'espère. Et si vous en doutez, j'ai les livres chez moi, et je puis les montrer à qui les voudra voir. On ne se cache pas, d'ailleurs. Les livres sont aux étalages, on les vend à qui les veut acheter, et la Direction de la Librairie reçoit le dépôt de ces livres, avec ces adresses, qui sont *fausses*, car on vous a fait l'aumône d'un brevet pour la banlieue, Monsieur, mais non pas pour Paris, et vous n'avez pas le droit, à ce qu'il me semble, en bonne justice et en bonne administration, de quitter votre village, pour ouvrir le bureau de votre Imprimerie dans ma ville, dans ma rue, à ma porte, et d'y placarder votre nom, en grosses lettres, à côté du mien, comme cela se fait, et comme vous le pouvez voir vous-mêmes, Messieurs les Députés, non pas dans les faubourgs, certes, mais bien au contraire, dans les plus populeux de nos quartiers !

Et ces brevets nouveaux, savez-vous le nom qu'on leur donne? Ceci est le plus curieux. Car nous sommes remontés à la source, nous sommes allés dans les bureaux, nous nous sommes plaints. Or, voici ce que l'on a daigné nous répondre : « Nous n'accordons que des brevets *politiques*. » Je cite le texte, et ne le commente pas. Vous comprendrez de reste, d'ailleurs. Politique (pour citer Molière) *dit plus de choses qu'il n'est gros,* et c'est un mot auquel il est dangereux de toucher. Cependant, pour qu'on en sache mon avis, en passant, j'observerai qu'il serait plus *politique* peut-être, de ne pas amasser aux places publiques tant d'ouvriers sans ouvrage, et de ne pas froisser et dépouiller de la sorte les honnêtes et les travailleurs, véritable richesse d'un pays, pour doter la paresse des oisifs et des courtisans, qui en sont la ruine.

Nous ne pouvons pas nous le dissimuler, Messieurs. Pour qu'on ait consenti à nous dépouiller comme on l'a fait, comme on le fait tous les jours, il faut qu'il y ait une corruption infâme qui ronge sourdement nos mœurs et notre société. Voyez plutôt! On nous tue, on nous pille, on nous anéantit. Comment? Parce qu'on crée à notre porte, chez nous, adossées à nos Imprimeries, des Imprimeries rivales, dont personne n'a que faire, qui se ruinent et nous ruinent, et qui font si bien que, dans un an, ou dans deux (si l'agonie est longue!), l'Imprimerie n'existera plus en France que de nom, et que nous aurons encore perdu, grâce à ces concessions désastreuses, l'une de nos gloires nationales !

Une prière encore. Au siècle où nous vivons, les gens ne manquent pas qui croient avoir tout dit, quand ils ont prononcé, en enflant la bouche, ce grand mot : La Liberté! — Messieurs, cette liberté, défiez-vous de ceux qui en parlent trop souvent et à propos de tout. Dans la question qui nous occupe, défiez-vous surtout de ceux qui ne veulent pas faire de distinction entre liberté *de la Presse*, et liberté *des presses*. Pour la liberté de la Presse, nous avons fait la Révolution de juillet, que nous referions demain, si l'on osait porter encore la main à l'arche sainte. Mais, avec la liberté des presses, savez-vous ce qu'on a fait depuis sept ans? On a mis l'Imprimerie aux abois et les Imprimeurs sur la paille. Le compte est facile à faire. Nous avons de par le monde un Tribunal de Commerce, et ce tribunal a ses archives ; ouvrez-les, vous verrez. Si ce n'est pas assez, entrez chez nous. Choisissez les plus intelligents, les plus actifs, les plus renommés de vos quatre-vingts Imprimeurs. Voici leurs ateliers. S'ils ont trente presses, il n'arrivera pas une seule fois dans l'année que ces trente presses travailleront toutes ensemble, fût-ce seulement pendant un mois. Donc, si vingt presses travaillent, dix se reposeront (argent improductif et qui dort, comme vous voyez!). Et encore, c'est là un beau et désirable résultat. Partout, la proportion sera la même, et plutôt au-dessous, je l'affirme, qu'au-dessus. Où donc voyez-vous que les presses manquent à ceux qui veulent se faire imprimer? Est-ce qu'il y a un livre, quel qu'il soit, qui a voulu se produire et qui ne l'a pas pu?—Vous trouviez, vous, public, que nous n'allions pas assez vite, que nous ne noircissions pas assez de feuilles, que notre prix de fabrication était trop élevé encore. Qu'en est-il arrivé? Nous avons fait construire, à grands frais, des presses mécaniques, qui ont, tout d'un coup, réduit nos prix de moitié, en usant nos caractères dix fois davantage. Il fallait bien satisfaire votre immense besoin de publicité. Mais les presses mécaniques ont supprimé des bras. Premier inconvénient, et qui mérite qu'on en parle, car une chance de misère de plus pour le peuple, cela est bien quelque chose. Nos presses mécaniques faites et mises en place, il a fallu les occuper. Une presse mécanique produit treize ou quatorze rames par jour, soit sept mille feuilles imprimées des deux côtés. Il y en a qui travaillent la nuit et le jour; par-

tant, quatorze mille feuilles. Les quatre-vingts Imprimeurs de Paris font rouler, chaque jour, environ cent presses mécaniques. Comptez, et vous trouverez, rien que pour les presses mécaniques, un million de feuilles par jour. Après, viendront les presses ordinaires. On peut raisonnablement établir que cinq cents presses ordinaires travaillent quotidiennement à Paris. Chaque presse ordinaire tire mille feuilles. Après, viendront les journaux. Toutes les nuits, on imprime, à Paris, de quatre-vingt-dix à quatre-vingt-quinze mille feuilles, politiques ou autres, qui, chaque matin, se distribuent dans Paris, dans la France entière et même à l'étranger. Voici donc un total de SEIZE CENT MILLE FEUILLES de papier qui s'impriment tous les jours à Paris! En réduisant toutes ces feuilles au format in-8°, seize cent mille feuilles donnent, par jour, environ SOIXANTE-DIX MILLE VOLUMES! c'est-à-dire plus de VINGT-CINQ MILLIONS DE PAGES! Puis, lisez tout cela, Messieurs. Puis, plaignez-vous qu'il n'y ait pas assez d'Imprimeurs! Puis, dites que la concurrence n'est pas assez grande!
— Moi, je dis que cette concurrence est si grande, si effrénée, qu'elle est honteuse. Et je ne parle encore que de la concurrence entre vos quatre-vingts Imprimeurs patentés. Mais si vous, police, au lieu de quatre-vingts Imprimeurs, vous en tolérez deux cents; mais si vous, hauts fonctionnaires, et chefs de bureau, sachant que la loi ne veut que quatre-vingts Imprimeurs, vous en créez cinq, dix, quinze, vingt

nouveaux, là, chez nous, à notre porte, dans les faubourgs de notre ville, sans raison, sans utilité, sans autre besoin que celui de vous faire quelques créatures de plus ! Je dis que ce n'est plus là de la concurrence, et que vous nous ruinez, et qu'il y faut prendre garde, parce que nous sommes des gens honnêtes, probes, laborieux, qui ne nous occupons guères de politique ; mais que vous ferez tant, que nous crierons : Justice ! un beau jour, et qu'on nous la rendra, Messieurs, en dépit de vous. — Demandez plutôt à la Chambre.

Ici, pour éclaircir vos doutes, Messieurs, voici une question qu'il serait à-propos de faire, ce me semble :

Depuis trente ans, peut-on citer, non pas dix, non pas cinq, mais TROIS Imprimeurs, qui aient fait leur fortune par le seul exercice de leur profession d'Imprimeurs ?

Moi, je réponds : NON ! et je défie qu'on me démente.

Quel superflu prétendez-vous donc nous prendre, pour le donner à partager à d'autres, si nous n'avons pas même le nécessaire ? N'importe, la concurrence est utile. Et voilà qu'avec ce seul mot on ruine et on déshonore l'Imprimerie ! Et voilà que, à l'heure qu'il est, les noms les plus glorieux et les plus illustres de l'Imprimerie, profanent (car il faut vivre !), profanent leurs presses, si célèbres autrefois, en les employant aujourd'hui à tirer des romans pour les cuisinières ou des prospectus pour les coiffeurs !

Et qui les a réduits à cette extrémité, Messieurs?
— Mais apparemment, ceux qui n'ont pas craint de
donner pour concurrents, à des hommes de savoir et
d'expérience, des hommes qui sont à peine capables
de lire les livres qu'ils impriment! — Est-ce que cela
est juste?

En fait de justice et de liberté, je vais vous dire
ce que je pense. Puisque l'on permet ces créations
immorales aux portes de Paris; puisque l'on tolère
ces Imprimeries de contrebande qui se cachaient hier,
qui lèvent effrontément la tête aujourd'hui, et qui,
demain, nous dévoreront; puisqu'enfin le privilége
est pour ceux qui n'ont pas de privilége, la protection pour ceux qui sont hors la loi et hors le droit;
— Égalité pour tous, Messieurs! Rendez-nous libres
aussi, comme on les a rendus libres. Supprimez les
brevets; déclarez hautement et à la face de tous que
l'exercice de l'Imprimerie appartient à tout le monde!

Nous sommes quatre-vingts à Paris, à qui l'on oc-
troie le droit de mourir de faim, au moyen de ces
prétendus priviléges que l'on ne sait ni respecter ni
faire respecter. Eh! bien, nous ne voulons plus de
ces priviléges qui ne sont maintenant qu'une déri-
sion et une moquerie. Puisque les tolérances peu-
reuses, puisque les besoins de corruption et de *favo-
ritisme*, en sont arrivés à mettre l'anarchie à la place
de la loi, nous voulons goûter aussi de la liberté, nous,
et courir les chances de l'indépendance. Vous savez
ce que nous ont coûté nos brevets, faites qu'on nous

les rembourse. Si vous exigez un cautionnement de tous ceux qui s'établiront Imprimeurs, que notre brevet nous serve de cautionnement. On nous en paiera l'intérêt. Cela vous semble-t-il donc si difficile à faire? La police a peur de museler cent vingt personnes qui ne sont pas dans le droit; affranchissez-en quatre-vingts, à qui leur droit pèse et que leur privilége ruine. Vous produirez un grand mal peut-être. Vous renouvellerez, je le crains, les catastrophes de 91 et de 92, ces années où près de huit cents individus (je dis des plus ignorants et des plus incapables) se mirent à exercer tout-à-coup l'Imprimerie dans la capitale. Mais de quel mal ne sort pas un bien? Nous qui sommes jeunes, nous qui voulons l'extension la plus complète possible de la liberté et de l'égalité, dans les limites pourtant de la justice et de la raison, — nous vous affirmons ici que notre conviction est celle-là : Quatre-vingts Imprimeurs suffisent, plus que largement, pour Paris et pour sa banlieue, aux besoins les plus immodérés de publicité et d'instruction que pourrait avoir une population, fût-elle double de la nôtre. — Et cependant, même avec cette conviction, loyale et dégagée de tout intérêt individuel, nous venons vous demander encore une fois la liberté pour tous!

Seulement, comme il ne faut pas que l'Imprimerie meure, Messieurs, car l'Imprimerie est notre mère à tous et la reine du monde; — que la capacité remplace le privilége maintenant! Qu'il n'y ait plus de bureau ni de bureaucratie pour vendre des brevets, mais qu'il y ait un tribunal pour juger les capacités. Que nul ne puisse être Imprimeur, s'il ne réunit à un éminent degré toutes les connaissances, si multipliées et si diverses, qui seules font les bons Imprimeurs. Supprimez le privilége, la science restera. Le talent survivra au brevet; ce sera au plus capable, Messieurs! Car l'Imprimerie est un art, non pas un métier. Si vous permettez qu'on en fasse un métier, prenez garde, car vous tuerez l'Imprimerie!

Mais surtout, ne mettez pas le talent aux prises avec l'ignorance, l'amour de l'art aux prises avec l'amour de l'argent; car, comme toujours, Messieurs, l'argent l'emportera sur l'art, l'ignorance sur le talent!

Mais surtout, ne laissez pas l'agiotage infâme, au sortir de la Bourse, venir, avec des capitaux imaginaires, spéculer aujourd'hui sur notre pauvre et sainte Imprimerie, qu'elle traînera demain au pilori de la banqueroute!

Mais surtout, que le gouvernement, quand il nous aura rendus libres, quand il aura pris toutes les précautions qu'il jugera convenables pour la sûreté de l'État, sans gêner la liberté des citoyens; que le gouvernement songe que ce n'est pas assez, et qu'il a encore des mesures à prendre, pour que nul ne puisse être Imprimeur qui n'en sera pas vraiment digne. Vous exigez des noviciats, des études et des grades, pour le médecin qui soigne le corps. Est-ce que vous n'exigerez pas aussi des noviciats et des études pour l'exercice de l'Imprimerie, dont la mission est d'instruire les peuples et de nourrir les âmes?

Je me résume. Deux causes principales ruinent l'Imprimerie et l'entraînent à sa perte. Ce sont :

1° Les cent vingt Imprimeurs de contrebande que l'on tolère dans Paris ;

2° Les Imprimeries nouvelles que l'on crée tous les jours aux portes de Paris.

Ces deux causes sont injustes et honteuses ; reviennent des jours mauvais, et elles seront fatales. Souvenez-vous de ce dernier mot. Ceux qui ne sont que cent vingt aujourd'hui, seront trois cents dans un an, et vous déborderont. Ils seront d'autant plus forts contre vous qu'ils se souviendront que vous aurez eu peur d'eux. Ce jour-là, l'Imprimerie deviendra libre malgré vous, et ce sera l'Imprimerie qui vous imposera ses conditions. En attendant, l'Imprimerie s'épuise dans une lutte sous laquelle il lui est impossible de ne pas succomber avant peu. Plusieurs ateliers sont fermés. D'autres se fermeront demain. Un bon tiers de nos ouvriers est sans ouvrage, sur le pavé, avec le froid, avec la faim, et rêve, n'ayant rien de mieux à faire. Or, vous savez où vont les peuples avec ces rêveries fatales ! — Que voulez-vous ? L'Imprimerie, outre vos succursalistes tolérés, outre vos nouvelles créations, n'a-t-elle pas encore contre elle, pour accélérer cette œuvre de destruction imminente, la contrefaçon belge, cette lèpre politique ; la contrefaçon française, cette

lèpre indigène; et surtout, l'Imprimerie Royale, cet éta-
blissement qui devrait être un musée, et qui est tout
simplement une industrie particulière, ruineuse pour
le gouvernement qui la soutient et qui la paie, et ruineuse aussi pour nous à qui elle fait concurrence avec
nos propres deniers?

Voilà. J'ai dit bien des choses, et n'ai point tout
dit encore. Mais je craindrais d'être long. C'est à vous,
Messieurs, qui êtes les législateurs, de voir ce qu'il
vous reste à faire. Privilége ou liberté, quelle que soit
votre décision, il faut qu'il y ait une décision. De
quelque façon que vous vous y preniez, il faut que
vous sauviez l'Imprimerie; car ce que nous sommes
aujourd'hui, Messieurs, c'est par la Presse, c'est par
l'Imprimerie que nous le sommes!

Donc, justice et protection, Messieurs les Députés.
Justice pour les Imprimeurs, protection pour l'Imprimerie! Vous avez parmi vous des poètes, des orateurs,
des savants, des publicistes. Que tous ceux-là se lèvent
et défendent leur mère. Car si vous laissiez l'Imprimerie, votre mère, se profaner, se traîner dans la
boue, et mourir : ce jour-là, vous verriez aussi, poètes,
orateurs, savants, publicistes, votre éloquence et votre
talent expirer silencieusement contre les murs de votre
sénat, et votre voix, sans échos au dehors, n'irait plus
réveiller les sympathies du monde!

AMÉDÉE GRATIOT.

Paris, 25 janvier 1839.